FREMMED

UFULDENDTE SERENADER

Et Rosask resonansbind

Kim Gørtz

FREMMED

UFULDENDTE SERENADER

Et Rosask resonansbind

2024

SAGARO REC & PUB

ISBN: 978-87-4305-912-7

Forlag: BoD • Books on Demand GmbH, In de Tarpen 42, 22848 Norderstedt, Tyskland

Tryk: Libri Plureos GmbH, Friedensallee 273, 22763 Hamborg, Tyskland

Man må da bestemt kalde et regime 'totalitært', når
det får mennesker til at vågne op midt om natten
grebet af stor angst og voldsom åndedrætsbesvær,
badet i sved og med hjertebanken, fordi de tror, at
de skal dø i næste nu.

Hartmut Rosa

Fremmedgørelse og acceleration, s. 71 (2013/2014)

Trædemøllens rasende tilstand

Accelerationsregimet

Genklangene, gnisterne, gådeløsningerne; der
pustes nye liv ind i forvrængningernes
overvældende bekymringer; i den forbløffelse, hvor
det nervøse livs hastighed tilintetgør de flimrende
og skrumpende generationsskift.

I tidsnøden med tidshunger, som er under tidspres,
hvor bølgernes sammentrækninger, med
tidsmangel, roterer i livstidens afbræk, bliver
erosionspressets depressioner og dybdeøkologiske
pauser til utopiske energier og paralyserende
begivenhedsforløb.

Alle de episodiske patologier løber løbsk i en
overmættet livsplan, og med lidelsernes oprivende
bevågenhed overvindes sensitiviteten af den daglige
praksis' myriader og forbrugsregimer.

I det hæsblæsende rotteræs, hvor den resonante
verden er sakket bagud, i tidsvilkårets sammenbrud,
med friktionernes forsinkelse, bliver hastigheds-
mønstrende som varsomme hængedynd; netop
smadret med svimlende kvalme.

Netop de sænkede sfærer og øjeblikkenes magt,
netop hamsterhjulenes nederlag og tilgivelse; netop
tidskraftens selvbestemmelse og frigørelse, helt
'ude af kontrol'; som et svagt ekko, der opsluger den
voksende kløft. Netop fremmedgjort.

Vi lever, bevæger os og arbejder i og gennem
omgivelser, der vedbliver at være fremmede for os.
(Rosa, s. 100, 2013/2014)

Vi er tilbøjelige til at glemme, hvad det 'egentlig'
var, vi gerne ville, og hvem det 'egentlig' var, vi
gerne ville være – vi er så domineret af
bestræbelsen på at afvikle opgavelisten og så
optaget af vores her og nu-tilfredsstillende
forbrugeraktiviteter (tv eller shopping), at vi mister
sansen for, at noget kan være 'autentisk' eller
dyrebart for os.
(Rosa, s. 105, 2013/2014)

Som Benjamin forudså, bliver vi rigere og rigere på
oplevelser, men fattigere og fattigere på erfaringer.
(Rosa, s. 109, 2013/2014)

Vi formår ikke at integrere vores enkelte handlinger
og oplevelser (og de varer, vi køber) i livet som
helhed, og derfor bliver vi stadig mere afkoblede fra
tilværelsens steder og tider, fra vores egne
handlinger og oplevelser og fra de ting, vi lever og
arbejder med.
(Rosa, s. 109, 2013/2014)

Fremmedgørelsen over for verden og
fremmedgørelsen over for os selv er ikke to
særskilte ting, men to sider af samme sag. Det er
den fremmedgørelse, der står tilbage, når
'resonans-akserne' mellem selvet og verden klinger
ud og forstummer.
(Rosa, s. 111, 2013/2014)

Indhold

Vi opbruger naturressourcer som olie og
landbrugsjord i et tempo, der langt overstiger
reproduktionshastigheden, og vi dumper
giftaffald i et så opskruet omfang, at de
naturlige nedbrydningsprocesser ikke kan følge
med.

Rosa, s. 81 (2013/2014)

Tærskler

Den tavse intimitet, det porøse leverum, og
den særlige fortrolige og sugende forplumring;
de friske, intense dage svulmer og fordufter
bemærkelsesværdigt, som et indsnævret liv.

En erodering af engagementet; 'udmattelsen af
selvet', 'betydningen af det, der betyder noget
for os', uldent, spaltet, flygtig, tavs, kold,
frastødende døvhed.

Hverdagslivets 'selvresonans', emotionel
samklang, en fortryllet 'dybere' natur, et nyt
frigjort menneske, sitrer, knitrer, knirker,
knager, klinger; på bølgelængde.

Den lyse og klare aften. Den frit formet og
underholdende kærlighedssang. Som en
forelsket bejler synges disse sange til en elsket
læser: *Fremmed. Ufuldendte serenader. Et
Rosask resonansbind.*

Det er helt Rosask!

1. Verdensrelationer; tider og steder
2. Fremmedgjort; kontrol og dannelse
3. Sociale patologier; sårbarhed
4. *Det utilgængeligt andet*; berørthed
5. Accelerationens dialektik; akserne

Ufuldendte serenader på vej

Flugt

Et Deleuzesk rhizombind

Livsvilje

Et Nietzschesk kraftbind

Negativ

Et Adornosk fortryllelsesbind

Tidligere udgivet

Frifundet. *Et Kafkask procesbind*

Inderlig. *Et Kierkegaardsk eksistensbind*

Væsentlig. *Et Heideggersk værensbind*

Aura. *Et Benjaminsk passagebind*

Hellig. *Et Agambensk nøgenbind*

Immobil. *Et Sloterdijksk sfærebind*

Hvad vi er fremmedgjort over for i kraft af
hastighedens diktater, er ikke vores
uforanderlige eller umistelige indre væren,
men evnen til at tilegne os verden.

Rosa, s. 113, 2013/2014

At lukke det fremmede ind

Forbundne, mærkbare, vibrerende varsomme,
erotiske og strålende, gåsehuden, antændelsen og
dét at opflamme; den gensidige berøring, den
utilgængelige tiltrækningskraft.

Den fjendtlige, krænkende undvigelse, dystert og
stumt, frastødningens friske blik; trådenes
katarsiske impulsgeneratorer, de genstridige
svingninger, berørt.

Omvendingens udbrændte og *resonansstabile*
stemmegafler puffer, genererer, vækker; frygter
forhærdelse og foragt, og den gensidige åbenhed.

Værdsat og krænket, forbigået som et tomt ekko, i
ydmygelsens hvirvel og i den permanente længsel;
på glatte overflader, der fordamper – og forarmer.

Navlestrengens nærende lemlæstelse forhærder og
kondenserer forløsningens tårer; med latterens
hjerte, som et ur-anker og som en mystisk erfaring.

Fornemmer gådefuldhedens utilnærmelige villighed
gennem intensitetens drømme, i dybdeboringernes
aha-oplevelser; på de lysvågne nærværsøer i
oceanet.

Mutationernes simre-tanke og stille-rum;

… en skandaløs kværn… gløder, glæder – og glider…

Deraf følger, efter min mening, at 'det gode liv'
i sidste ende måske er et liv, der er rigt på
flerdimensionelle oplevelser af 'resonans' – et
liv, der vibrerer langs skelnelige
'resonansakser'...

Rosa, s. 116, 2013/2014

Verdensåbning

En nærværende hverdagserfaring udmattes, løftes
til et rigt liv; som en skræmmende
verdensbeherskelse, som en eksistentiel erosion.

*"Den, der ikke kan mærke sig selv, kan ikke
forvandles i forhold til verden, og når verden er
blevet stum og døv, mister man fornemmelsen af sig
selv."* (s. 25, 2018/2020)

Fryser i afstumpet eksistentiel reservation, og i den
latente aversion afvises besjælingens og
inderlighedens forbundethed.

Med de excentriske blikke og det brudte panser
forgår en kaldende impuls, som en levendegørelse
af de indefrosne *vredesborgere*; *kairos* –
resonansøjeblikket.

Kaldet og ekkoforholdet, dér, hvor hændelsen siger
noget, og skjuler noget, mister noget; her tales
egensindigt, her nulstilles der, fastfryses og fikseres.

I de subtile øjeblikke glipper følsomhedens
dumstædighed; i de opnåelige bevægelsers
forbindelser til responsiv kontakt – en bøn, en gave.

Som liv er noget eksistentielt flyttet, som at fødes af
afmagten, af længslens dannelse og
antændelsestidspunktets stemme; af grebet.

I angstanfaldets panik, livsledsageren er bare et klik
væk, og træthedens bestandige kamp, usårligt
stimuleret; den erfaringsnære luksus, lige nu og her!

Mennesker kan kun indlade sig på ting, hvis de
formår at indvirke på tingene, og de får
følelsen af at nå ud til noget eller nogen og
være med i udformningen af læreprocessen.

Rosa, Resonanspædagogik, s. 61 (2016/2017)

Hørbar

Tabernes livsførelse og ligegyldiggørelsens aktive
dødshjælp forskubber sløret om begærets natur; et
magisk tryllenummer, og umætteligt skuffende.

Forurettelsens monster gløder som isnende,
truende trusler; *"Vreden og frustrationen bunder … i
det, som vi har mistet…"* (s. 99, 2018/2020)

I det meningsløse menneske bor en vellykket
praksis, der afspalter et godt naboskab; hvor et
hjerteanliggende stivner, fortvivler, *et lydløst hjerte.*

Næringen til at kunne leve i de sjældne udbrændte;
*"… løber vi væk fra en afgrund, der indhenter os
bagfra."* (Rosa, Demokrati har brug for religion, s.
51, 2022/2023)

Det lydhøre hjerte og den anden stemme hører
noget i det levende øjeblik; som inderligt stivnet,
som berørbar.

*"Folk søger i sten og urter, i bække og bjerge og i
stjernerne efter resonanser, ved dem eller fra dem,
vil de genvinde resonanser."* (Rosa, s. 67-68,
2022/2023)

En resonansappel: *"Dér, ved grunden af sin eksistens
står den bedende i et forhold til den omgribende
Anden… Min eksistens' væsen er et
resonansforhold."* (Rosa, s. 70, 2022/2023)

Udhulende vantrivsel, selvundergravende livsværdi;
i samklang med den omfattende virkelighed.

Liv, berøring og virkelig erfaring opstår i mødet
med det, der ikke kan kontrolleres.

Rosa, Det ukontrollerbare, s. 7 (2018/2020)

Oase

Krisevidenskabens værktøj, livsførelsespraktikker og impulser til selv-drøftelse, skuffelsernes afsvækkende terapiniveauer; potent komponent.

Krisedisciplinens re-synkronisering, gaveøkonomiske livsformer, kultur-menneskers livsvirkelighed; livsløbsregimets adfærdsøkonomi og formende kræfter.

Krisefænomenernes oplevelsessamfund, den sociale energi og udtryk, bevægelsesenergiens irritationer; terapeutiske udbedringer, et nyt ståsted.

Kriseerfaringernes elasticitetsgrænser tørrer ud, fortætningernes eskalationer og drivkraftens leveveje; hægternes snyltere, den sociale død.

"Mennesker kan bogstavligt talt miste livet, hvis de berøves muligheden for resonans…" (Rosa, Senmodernitetens krise, s. 181, 2021/2022)

Begærs-energiernes horisontudvidende verdenskraft, den lykkerådgivende kropskapital, den forbløffende refleksive opmærksomhedsenergi; *der er noget, der ikke stemmer.*

Aggressionsforholdenes kamppladsers grundmønster; accelerationskapacitet, radikal de-kobling, patologiske bobler og operationssfærer, tidspresset.

Når vi … stræber efter at have kontrol over
verden, møder verden os som
"aggressionspunkt" … "livet" … livfuldhed og
hændelser – det, der gør resonans mulig –
trækker sig tilbage fra os … fører til angst,
frustration, vrede og fortvivlelse…

Rosa, s. 9 (2018/2020)

Den værdifulde tid

Hudløst udbrændt i en latent trussel med lynets
hast, i fastfrosne angstlidelser i en blokeret
livsbevægelse; i et prisgivet paradoks, i monstrøs
afmagt, som et hjælpeløst offer.

I et øde spejl med lammende laviner og kulturelle
forstyrrelser, i et forbrugsparadis og i et
forbrugshelvede; i en famlende pacificering, hvor
stikket trækkes ud af eksistensen.

Vinderøkonomien tager pippet fra sprækkernes
krisediagnoser; som i en "mekaniseret forstening",
med medmægtige og medio-passive pirringer – som
i mellemrummets poesi – som i midtens poetik.

I et råb, i en sult, i en kulde – uden svar, i en frygt for
at blive såret af opmærksomhedsforskydningerne; i
en resonant selvakse som en kalden fra det levende.

Irriteret resonansdøvhed; øjeblikke af overskridelse:
*"Resonans med naturen ville faktisk være
ensbetydende med en gensidig forvandling ... i en
transformativ og livgivende vekselvirkning."* (s. 231,
2021/2022)

Eskalationslogikkens narrativer og vendepunkter
samt særegenhedsaccelerationernes temposkift
udgør en relationel ontologi, hvor selvfortolkende
dyr gør fremskridt; som en kritisk impuls, hvor noget
er galt, hvor noget kører skævt – kører helt skævt.

Man behøver ikke at være esoterisk eller en
underlig snegl for at konstatere, at vi langtfra
er færdige med det, vi kalder virkeligheden,
ikke begrebsligt og slet ikke når vi ser på vores
forhold til den.

Rosa, s. 85 (2018/2020)

Langsommelighed

Forvandlingens egen død i håbets sfære;
eskalationstendensernes psyko-kriser, og det gode
og vellykkede livs kamp – en vibrerende tråd.

*"Uden kærlighed, agtelse og værdsættelse forbliver
tråden til verden – og resonansakserne – stive og
stumme."* (Rosa, Resonans, s. 18, 2016/2021)

Resonansaksernes væsen, bevægende, sensitive,
lykkemomenter; udvider, transformerer og tilegner
– behersker – det resonansfrie rum.

De knitrende kropsresonanser, den mærkelige
fornemmelse af livet som helhed, verdens
nærværelse; den emotionelle og eksistentielle
grundering.

Stillet i verden, i aggressionspunkter, som kreativ
receptivitet, med erobringerne af verdens ånde; *"…
oplever øjeblikke, hvor tråden til verden begynder at
vibrere intensivt…"* (Rosa, s. 24, 2021)

Mættet med fred og venlighed, i genlyd af verdens
gode tryghed, med udsathedens skikkelser; i
fjendtlighedens kulde og med livsførelsernes
resonansoaser – og ørkenoplevelser.

*"Fremmedgørelse forstået som stumme, kolde, stive
eller svigtende forhold til verden."* (Rosa, s. 25, 2021)

Lykken, godheden, skønheden og sandheden;
livsførelsens selvbestemmelse i den kapitalistiske
økonomi og konkurrencelogik; frihedskravene og

den etiske autonomi, udviklingslogikkens
psykofysisk velvære.

Livsfærernes autenticitet, selvrealiseringens
følsomhed, at lytte til den indre dybde; at
genopfinde en transformationsenergi, hvor
forøgelsesimperativet og den egnede livsstrategi har
realiseringschancer.

Fornyelse, forstørrelse, forbedring, penge, sundhed,
fællesskab; en følelse af ens eget værd, som
ressourcepotentiale i en kulturel forvandling og med
menneskelige grundkompetencer.

Konkurrencesamfundets tingsliggørende tendenser
og livschancer; en mislykket verdenstilpasning, fatalt
forfejlet, en affortryllet lykkeskepsis.

Vildledende belastninger, tætsluttende solidaritet
og messiansk håb; relationsløse relationer og
eksistentielle sensibiliteter.

Berøringens rytmiske svingen, kulturelle
revolutioner og resonanskatastrofer; i de intensive
øjeblikke og stabile resonansakser – at føle sig båret,
og tryg i verden.

Forbundethedens væv, verdensbåndets, porøse
livsstrømme; omhyllet af hændelsernes åbenhed og
betydningernes blokader.

Et snigende tab med angst og lyst, de skadelige
kriser; de metafysiske havne og længselsfulde
ordninger samt de patologiske livsforhold,
erfaringsfjendtlige veje på overvindelsens landkort.

Den meget omdiskuterede artsuddøen skyldes
ikke, at vi fælder træer eller fanger fisk, men at
vi rydder regnskovene og tømmer havene for
fisk så hurtigt, at bestandene ikke kan nå at
regenerere.

Rosa, s. 196, 2021/2022

Den springende gnist

Huden svimler på den nøgne jord, berørt, bærende
og omsvævet af en sfærisk klangverden;
svævetilstandens resonansmembran vækkes som
gåsehud – og som hudglemsel.

Livets åndedræt, hiver efter vejret, luften er tyk;
resonanskroppens åbning og lukning, følelige
kærtegn, gennemtygget på tom mave.

Mundens verdensoptagelse forbinder længslens
indre berøring med accelerationspatologiernes
indsugende og mærkbare gaver; alle de nærende
stoffer og substanser.

Griber ind, folder i bøn, giver kærlige kald;
stemmernes dybdekald og samklangens tavshed –
helbredelsens livseliksir, som tryllebundet tekst.

Blikkets grammatik falder ind og tager øjesyn af en
stivnende forstening, hvor den dobbelte fortryllelse
af magnetiske strålers strømme lyner erotisk; lige
præcis som sårbarhedens standpunkt.

Den kropslige spændings betydningsdimensioner;
ynde, værdighed og ædel rumadfærd – når
frirummets bevægelse kilder resonansorganets
forsvarsløse søvn.

Kropsamtalen filtrerer den eksistentielle krise til
tårer, hvor hjertets samvittighed og samvittighedens

hjerte smelter sammen til, at *intet betyder noget*;
som antændelsens buestrøg – i et erotisk begær.

Den excentriske inskription og sammenfletning med
verdens kød præger hermed egen-svingningernes
robuste amalgamering; som en resonansgivende,
dyrebar billedskærm strømmer der en forarmelse
ud af verdensopkaldet.

Signalernes ængstelse og ensomme melankoli;
klangens betydningsfulde og resonansæstetiske
gehør danser stemt som en lytten gåen ud af sig selv
– som en vibrerende velkomst.

Føjelsens vitalitet, og afstemte biorytmer i
naturkroppens klangfigur; det er at mærke sig selv
som rumlende resonansfiltre og som massiv
utvetydiggørelse, som – *når verden skriver sig ind i
kroppen*. (Rosa, s. 126, 2021)

Den attraktive angst og det patiske begær slynger
betydningsfuldheden gennem de eksistentielle
landkorts ekkoer; som skizoid, hysterisk, paranoid
og neurotisk kaos kvalmes dermed selvmordets
erindring – og evige opløftelse.

I stilhedens øjeblik bæres blomstrende et
selvbestemt liv, hvis genuine og mærkbare
vibrationer giver sjælero i den dvælende tomhed;
ligesom i naturerfaringens hellige gys.

I de uendelige bevægelsers krystalliseringspunkter
undergraves de angstdrevne genlyde; herved opnår

betydningens etos og verdenssfærens
meningshorisonts immunisering den basale accept.

En stigende prøvelse i klarsynets jammerdal;
foragtens vurderingskort og de ædle etiske
koncepter giver sans for det vigtiges værdikilde.

Oplevelsessamfundets trusler, chancer og
duelighedsopgaver; s(t)imulationsfeltets
selvrealiseringsmiljø og nervepirringens knapheds-
semantik.

Spejlingernes konvergenspunkter, den empatiske
larm og godtkøbsvisdommens stemninger
magnetiserer de oscillerende socialresonanser; alle
de resonanskæders svingningsprocesser.

Makabre og smittende betydningsrum, hæmningens
empati og den opmærksomme livsvilje mister den
emotionelle ilt; og vægringens virkning og flade
giver således en elastisk tiltro.

Den venlige eskalation, gensidige epilepsi og
svingningsduelige, medlydende samklang; netop
den højeste intensitet og gennemstemtheds øjeblik
– som netop forbindelsens forstemmelse.

Vishedens betydningstab og værdsatte agtelse;
modbydelig berørt i et intetsigende, dæmpet og
uhørtbart, fladt, kvælende, forstenende ekkos frie
svingen – hørbar og inderlig, som et utilpasset
monster.

Først når vi ikke længere bliver berørt,
bevæget eller grebet af musik, oplever vi
fremmedgørelse eller, i ekstreme tilfælde,
depression, fordi verden da forstummer over
for os, om den så er nok så højlydt.

Rosa

Resonans, s. 111, 2021

Ekko

Det lynende løfte om forsoning, en mærkbar
ophævelse, en porøs magi, som en kreativ dybde og
fortætning; en basal bårethed i venskabets appel, i
genklangens frirum – som panisk lediggang.

Livets håb og mørke mærke, en levende oase
mellem os, en gnistrende stemmegaffel, hvor den
usynlige død og trådenes åbninger havner i hellige
sfærer; dybdens længsel efter hengivelsens
opmærksomhed.

I ørkenens aura og følsomhedens helhed berører
hverdagens mobile klokkeslæt de vibrerende tab af
livets varme og de svigtende ønsker om mageløse
venskabstegn; døv, dæmpet og dårligt aflastet.

Et centrum af befrielse, linjer, katalysatorer og
monader; irriteret *anlægskapital* i tilgivelsens
skyldighed – fjendtlig stumhed, blokeret forfald.

Hørbare bevægelser i patologiske ekkokamre,
vovende konvergens, bølgende indignation – intens
tomhed og råb; glædelig dekalog, berøvet smil.

Vækkende synges stedernes rørende præg til
fortættet *fluidum*; fuldstændig foruroliget, forvirret
og frembragt af sammenstødet med stoffest
forbindelseslinjer.

Genstridigt truer vendepunkternes svar, den
tidskrævende helbredelse og langsomhed; vital

erosion, nådesløst udbyttet – prisgivet, afvist og
kedeligt befrugtet.

Antændelsens friktionsflade, fastfrosne morgen og
massive materialitet; på døv bund og gevaldigt
smittet af løfternes begærs-motor –
genforbindelsens totale sindsbevægelse og
gemyttets lænke.

Den åbne hånd bønfalder mærkbart livskraftens
virkende midte i vekselvirkningens radikale bedrag;
slumrende brænder en isnende stilhed langs
symfoniske strenge.

Rytmisk duelighed, uberørte åndedrag, besjælet
som 'naturens hammerslag'; skrigets hævn,
symbiotiske ønsker – omslagets safari.

Beredvillighedens kilde, et refugium for empati-
resistente nyttedyr, i porernes åndepust; en tom
plads, en dunkel kraft – en ukontrollerbar
overvældelse.

Henrykkelsens døre, rystelsernes utilgængelige dans
mod det dristige 'derude'; et næveslag i det frosne
hav – dybere bid og stikkende tårer – smertelig gråd.

Den fragile gåsehud; depressionens åndeløse pause,
et øjenlågs øde plads, som gennemstrømmer
chokkets tone og trøst – et stik i hjertet.

Forstenet fortvivlelse, brutale forhindringer og
berusende befrielse fra 'det utilgængeligt andet'.

Kærligheden formår at etablere en vibrerende
tråd til verden, den transformerer
verdensforholdet som helhed til en
resonansrelation.

Rosa

Resonans, s. 178, 2021

At blive bevæget

Berøringspunkternes marv og hemmelige tids-
tunnel forpligter løsrivelsens skælvende øjeblikke i
forundring; et magisk kvælningsanfald, forgiftet.

Som i en stumfilm bedøves *erfarbare* opladninger;
som i den fastfrosne og porøse sørgmodighed
genlyder et tomt og 'dystert hylster' – en følsom
forsoning.

Mumlende figurer i rapsodisk splittelse; en revne af
dødbringende fladhed og udslukt, eroderet
forvrængning – en forstenet afmagt.

Bandlysningens pirringer i det iskolde vand, vågen
og afklædt; med forkrøblede nerver, udhulet og
frastødt i grænseløs aversion.

Ensomhedens livsspand, en hæmningsbølge, hvor
forrådte rædsler udløser fjendskabets sejrsgang;
vagtsomhedens fornedrende og nedkølende kulde.

Pinbare lynglimt, gysende fortætninger og blege
kampe; en ringeagtens erotik, en karismatisk
grundangst, hvis håbefulde leveveje begejstres af
hjemstavnens romantik – som ved den
utilgængelige unddragelse.

Hjemveens væsener, intetsigende og afvisende; en
melankolsk kult, hvor passive hyklere og inderlige
hysterikere vækker naturens kræfter til live, som
hægtet af i panisk lidelsestryk – og katastrofe.

Når den kontakt til arbejdet, til kollegaerne
og/eller til klienterne, der går ud over
informationsudveksling og funktionelt
samarbejde, går tabt på grund af konkurrence-
og optimeringspres, når følelsen for arbejdets
kvalitet forsvinder under nøgletallenes pres, og
der ikke bliver tid til efter en succes at nyde
denne og restituere sig, mens de fortsattes
anerkendende tilkendegivelser alene bliver
opfattet som *strategisk*, til aktivering af endnu
større anstrengelser, truer en central
resonansakse i det moderne liv i realiteten
med at dø hen.

Rosa

Resonans, s. 272, 2021

Levende sfærer

Uhørligt, ubønhørligt, rørende utilgængeligt;
trodsige, kåde og 'stemte rum' gør en undergrund
synlig, klinger trykket ærbødigt, blidt og stejlt.

Mørke tankers ventilation, akut hovedpine og
voldsom sult; neddrosler krænkelserne, beredskabet
og det sårbare *nutidssamfund*.

Hav-nære pirringsfiltre og møde-tæthedens livs-
tilfredshed, livsområdets *livsetos*; livsførelsens og
livsforventningens *dydsmærke* og sansekultur
færdes som akustiske *klang-legemer*.

Et forbløffende *talende andet*, funklende
livsytringer, fyrigt temperament og skrumpende
erindringsspor; en uopnåelig, svingnings-duelig
afgrund.

Brillant bevinget, umisforståelig medlidenhedsløs
verdensbevidsthed – på mekaniseret samlebånd;
forbitret nærhed, i uindløselig tidsnød, i snigende
forringelse.

Progressive 'vilkårlighedsfælder', 'rasende
stilstande', tomme, størknende chifre;
eskalationscirkler, dynamikker og logikker –
uafbrudt løsslupne, i spiral frisættelse.

Livsprocessens ukrænkelige brydninger, levevejens
eskalerende livstids-positionerende sensibilitet;
resistent, cyklisk etos – udmattelsen indefryses.

Livs-virkelighedens livs-praksis; tids-krævende tids-
erfaringer – i såret(s) tids-nød, i tids-stabil
utilgængelighed, i et indspundet potentiale.

Livs-begivenhedernes "bevægende øjeblikke'; en
dyb skuffelse, fravristet læsbarhedens livs-tid – en
vild flugt, knuser, sønderslår den krænke(n)de
sentimentalitet.

Nedslidningen er 'indskrevet' på den blegnede
brudlinje; i svarets holdbarhed:

*"… resonansakser udvikles og opretholdes kun der,
hvor stærke vurderinger er involveret, fordi resonans
er baseret på den erfaring, at et mødende
verdensudsnit af sig selv har noget at sige os, angår
os, og det vil sige: at det som sådan er værdi- og
betydningsfuldt for os."* (Rosa, s. 494, 2021)

Hykleri indsniger sig plagende og tilspidsende sig et
selv-bedrag; hvor *(u)tilgængeliggørelsens* mathed
og famlende/falmende kvalitet, som skrumpende
vibrationsevne pacificerer eksistensen.

Forstemt livsvisdom, mærkbare sær-zoner,
forstyrret *nå*, en dyb revne *nås*; og klæber hjælpeløs
og forgæves knust i havets navnløse længsel.

Lyser op, stivner skånselsløst, som *en anden som en
anden*; i rystelsens kvæstelser og magtesløse
smerteskrig, i lemlæstelsens døvstumme og blinde
afvisning – i – og med – frie vibrationer…

Hvad der på denne måde ikke desto mindre mislykkes, er *berøringen af det utilgængelige andet*, til hvilket vi træder i et svarforhold, der tillader og fordrer modsigelse og muliggør en transformativ tilpasning, som for sit vedkommende forudsætter den aktive erfaring af egen formåen.

Hvor resonans ikke længere indfinder sig i denne omfattende forstand, fordi vekselvirkningen mellem subjekt og verden udtømmes i en impuls til rørelse eller i en ekkovirkning skabt af varelignende stimulation, finder der ikke længere noget virkeligt møde sted.

Rosa

Resonans, s. 428, 2021